TRAITÉ SPÉCIAL

SUR LES

OSIERS

PAR

LOUIS GOSSIN
Cultivateur
Professeur d'agriculture à l'Institut normal agricole
de Beauvais

PARIS
AUX BUREAUX DE LA GAZETTE DES CAMPAGNES
C. BLÉRIOT, LIBRAIRE-ÉDITEUR
55, QUAI DES AUGUSTINS

1866

TRAITÉ SPÉCIAL

SUR

LES OSIERS

PRINCIPAUX OUVRAGES DE L'AUTEUR :

Manuel élémentaire d'agriculture à l'usage des Ecoles primaires de la Lorraine et des Ardennes, ouvrage couronné par la Société impériale et centrale d'agriculture. Vouziers, Flamant-Ansiaux, 1839. 1 vol. in-18.

Manuel élémentaire à l'usage des Écoles primaires des départements de la Mayenne, d'Ille-et-Vilaine, des Côtes-du-Nord, du Morbihan et de la Loire-Inférieure, ouvrage couronné par la Société impériale et centrale d'agriculture. Nantes, Forest, 1840. 1 vol. in-18.

Les Avantages de la réunion territoriale, ouvrage couronné par la Société d'agriculture de Nancy. Paris, Bouchard-Huzard, 1841. Broch. in-18.

Quelques mots sur la situation des esprits en France touchant l'agriculture. Paris, Mme veuve Bouchard-Huzard. Broch. in-18. 1846.

L'Agriculture française, volume grand in-4° jésus, contenant une carte agricole de la France, et orné de 225 planches dessinées par MM. Isidore Bonheur, Rouyer, Milhau, Mlle Rosa Bonheur. Paris, Lacroix, quai Malaquais, 15, 1858.

Principes d'Agriculture. 2 volumes in-12. Paris, Lacroix, 1859.

Extraits de l'Agriculture française. 30 couvertures de cahiers à l'usage des élèves des Écoles primaires. Paris, Garnier, rue Hautefeuille, 16, 1859.

Enseignement agricole. Brochure in-8°. Paris, Lacroix, 1862.

Enseignement agricole appliqué à l'instruction publique. Paris, Lacroix, 1864.

Manuel élémentaire et classique d'Agriculture, d'Arboriculture et de Jardinage, approprié aux diverses parties de la France. Troisième édition. Paris, Fourant, rue Saint-André-des-Arts, 47, 1865.

Guide pratique des conférences agricoles. Paris, Lacroix, 1865.

Articles Froment, Pommes de terre, etc., de l'Encyclopédie agricole, publiés sous la direction de MM. Moll. et Gayot. Librairie Didot, 1865.

PARIS. — Imp. de PILLET FILS AÎNÉ, rue des Grands-Augustins, 5.

TRAITÉ SPÉCIAL

SUR LES

OSIERS

PAR

LOUIS GOSSIN

Cultivateur,

Professeur d'Agriculture à l'Institut normal agricole
de Beauvais.

PARIS

C. BLÉRIOT, LIBRAIRE-ÉDITEUR

55, QUAI DES AUGUSTINS

1866

INTRODUCTION

Jusqu'ici aucun auteur suffisamment autorisé n'a traité des osiers et de leur culture : aucune classification certaine des espèces n'a été publiée par les botanistes. Mon frère, M. Louis Gossin, a voulu combler cette double lacune. Le lecteur jugera s'il a réussi. Quant à moi, agriculteur et en même temps planteur d'oseraies, je n'hésite pas à assurer que la culture des saules pour osier mérite autant que toute autre production de fixer l'attention, par sa grande importance et des avantages de premier ordre.

D'abord tout propriétaire ami des choses rustiques peut prendre part à cette culture, qui n'exige ni matériel, ni résidence assidue à la campagne, ni soins par trop minutieux. De plus, elle se marie parfaitement à toute exploitation rurale.

L'osier se coupe et se fend de novembre en avril; il se pèle de mai à juin, époque où commencent les travaux pressés des récoltes. Fort souvent le cultivateur manque de bras pour ses sarclages, ses fenaisons, ses moissons, parce qu'il renvoie périodiquement à l'automne une portion du personnel nécessaire à ses travaux d'été. Doit-il s'étonner qu'au moment critique un grand nombre manque à l'appel? Les extractions de minerais, de pierres, de phosphates; les constructions des villes et des chemins de fer ont attiré les ouvriers ruraux inoccupés et les conservent en tout temps. Malheur donc au cultivateur assez imprévoyant pour ne pas fixer par un travail régulier et assidu les bras dont il a besoin! Le prix des salaires s'élève à un taux excessif, la vente du blé ne couvre plus ses frais de revient; la crise agricole se déclare, et l'on s'en prend à tout, excepté à soi-même.

D'un autre côté, plus le commerce et l'industrie se développeront, plus les osiers seront recherchés. Personne n'ignore combien les paniers l'emportent sur les caisses pour l'emballage des marchandises, par leur légèreté et leur souplesse. Tout le monde, avec un bout de ficelle, répare un panier qui a servi à plusieurs transports, tandis que les caisses veulent être rhabillées par des ouvriers spéciaux après chaque voyage.

Un dernier avantage qu'offre la culture des osiers, et ce n'est pas le moindre, résulte de la rusticité des saules, qui s'accommodent de terrains humides, abondants en humus acide. Ces fonds, de faible valeur, convertis en oseraies, donnent souvent des produits équivalant à ceux des prairies les plus fertiles.

Si donc la publication de ce Traité doit engager beaucoup de propriétaires à établir des oseraies, et assurer leurs succès par des renseignements certains sur les bonnes espèces et les meilleurs procédés de culture, elle rendra de réels services.

Être utile est assurément le plus vif désir de l'auteur.

Son frère affectionné,

CH. GOSSIN.

TABLE DES MATIÈRES

I

CULTURE DES OSIERS; HISTOIRE; BIBLIOGRAPHIE STATISTIQUE; COMMERCE

La culture de diverses espèces de saule pour la production des brins flexibles connus sous le nom d'*Osier* est pratiquée de tout temps. Voici ce qu'en dit le principal géoponique de l'antiquité, Columelle :

« L'osier prospère surtout en terre irriguée ou humide. Privé d'arrosage, il peut venir encore, pourvu qu'il occupe un lieu fertile.

« Le terrain qu'on lui destine, doit être labouré à deux fers de bêche, jusqu'à deux pieds et demi de profondeur.

« Peu importe l'espèce plantée, pourvu que le brin soit très-flexible.

« On en distingue trois sortes principales : *L'Osier de Grèce*, *l'Osier de Gaule*, *l'Osier des Sabins*, qu'on appelle aussi très-souvent *Osier d'Amérie.* L'Osier grec est jaune ; l'Osier de Gaule a les jets très-minces et pourpre pâle, les brins de l'Osier d'Amérie sont fins et d'un rouge vif.

« On multiplie l'osier par boutures à talon ou par simple bouturage des pousses d'un an. Les meilleures boutures de cette seconde sorte sont de grosseur moyenne et n'excèdent pas le diamètre d'une pièce de 2 as. On les enfonce le plus possible.

« D'une longueur d'un pied et demi, les boutures à talons sont placées dans de petites fosses; puis, on les entoure de terre-meuble avec précaution.

« Le plus grand espacement, six pieds en quinconce, convient aux oseraies irriguées. Ailleurs, il faut planter plus dru, et cependant pas assez serré pour que la culture de la terre en soit gênée. Dans ce cas, il suffit largement d'un espacement de cinq pieds entre les lignes et de deux pieds entre les sujets dans la ligne même.

« La plantation se fait, avant le réveil de la séve, avec des brins cueillis sans aucune fraîcheur. Si on les coupait à l'état humide, le succès serait moins assuré. Qu'un beau temps soit donc choisi pour cette opération.

« Dans les trois premières années, les oseraies doivent, comme les jeunes vignes, être cultivées très-souvent. Ensuite, lorsque l'osier a pris de la force, trois sarclages par an peuvent lui suffire. Si on le traite d'autre manière, il ne tarde pas à dépérir.

« Encore, quelque soin qu'on prenne, la plupart des pieds finissent par mourir. Pour remplacer chaque souche à mesure qu'elle disparaît, on couche et on enterre une pousse du pied le plus voisin. Au bout d'un an, on sépare cette marcotte du pied-mère, ainsi qu'on le fait pour les vignes. Le nouveau sujet se suffit ensuite à lui-même. »

Dans les temps modernes, la question des oseraies a été plutôt effleurée qu'approfondie par divers agronomes, tels que *Charles Estienne* et *Liébault* (Maison rustique du XVIe siècle), *Olivier de Serre*, *Bosc* (Dictionnaire d'agriculture), *Dubreuil* (Traité d'arboriculture), *Loiseleur Delonchamps* (Maison rustique du XIXe siècle), *Moitrier* (Traité spécial). Le meilleur article que nous ayons pu découvrir, se trouve au mot *Saule* dans l'*Agronome* ou *Maison rustique*, publiée en 1770. Nous avons lu d'autre part avec intérêt les indications de M. *Millerand*, d'Origny

Sainte-Benoîte (Aisne), Bulletin de la Société d'agriculture de Saint-Quentin; et celles de M. *Brassard* à Saint-Pol-sur-Ternoise (Pas-de-Calais), publiées par le Journal des cultivateurs (n° du 28 avril 1860).

D'après les statistiques officielles, l'osier couvre, en France, 67,499 hectares. L'industrie du vannier, qui s'alimente des produits de cette culture, fournit à l'économie domestique mille objets de première nécessité; au commerce, des paniers d'emballage de plus en plus recherchés à cause de leur légèreté; à la carrosserie, des caisses de voitures; au luxe, certains décors très-délicats.

Les osiers procurent, en outre, quantité de liens au jardinier, au vigneron, au tonnelier.

Enfin, divisés en lanières très-minces, ils se convertissent, chez le chapelier, en coiffures solides et élégantes.

Plus avancés que nos voisins sur la production d'une matière première aussi précieuse, nous leur vendons, en moyenne, annuellement plus de 800,000 kilogrammes d'osier, dont la plus grande quantité se dirige vers les Etats-Unis, l'Angleterre, la Belgique, l'Espagne. Il est vrai que nous en achetons nous-mêmes environ 110,000 kilogrammes par an. La balance, ainsi qu'on le voit, reste fortement en notre faveur.

Les départements qui cultivent le plus l'osier, sont :

La Gironde...........	6,664 hectares.
L'Aisne..............	5,276
Les Bouches-du-Rhône..	3,987
Les Basses-Alpes......	3,464
Les Landes...........	3,491
L'Ardèche............	3,263

La vallée de l'Aisne, tant dans les Ardennes que dans le département qui a pris le nom de cette rivière, est une des parties de la France où les osiers sont le mieux traités, et où l'industrie du vannier prospère le plus.

« La vannerie fine, dit M. Moitrier, occupe dans l'Aisne plus de 5000 personnes, hommes, femmes et enfants, réparties entre Origny, Vervins, Guise, La Capelle, etc... Il en sort, chaque année, pour plus de trois millions de marchandises, dont une notable partie est vendue à l'étranger. »

Paris, suivant le même auteur, tire ses osiers de la Champagne, des environs d'Orléans et de la Picardie, en tout environ 3 à 400,000 kilogrammes. C'est là que se fait la vannerie, dite *bronzée*, si remarquable par la richesse du vernis qu'on lui applique, et par le bon goût des modèles que l'on suit dans ce genre de confection.

Au recensement de 1847, les douze anciens arrondissements de la capitale ont présenté 141 maîtres vanniers et 281 ouvriers. Le chiffre moyen des affaires était de 5,643 fr. par industriel, et de 2,822 fr. par ouvrier.

Depuis que ces chiffres ont été recueillis, la production et la mise en œuvre des osiers se sont certainement étendues. Du reste, un grand progrès peut encore s'accomplir; car tous les jours on s'aperçoit que, dans tel cas particulier, l'osier serait avantageusement substitué à la planche, à cause de sa légèreté jointe à beaucoup de force. On s'en est déjà servi avec succès pour le baraquement des soldats. Les maisons toutes faites que l'on envoie aux colonies, pourraient elles-mêmes se composer de vannerie parfaitement tressée.

La plupart des préceptes que nous allons tracer sont le fruit de l'expérience de M. Charles Gossin, mon frère, qui cultive l'osier sur un des points de la France (environs de Vouziers, Ardennes), où cette intéressante spéculation est le mieux entendue.

II

ESPÈCES DE SAULE CULTIVÉES POUR OSIER

Si le saule passe à juste titre pour un des arbres les plus gracieux, il fait, d'autre côté, le désespoir du botaniste, tant il est difficile d'en bien distinguer les espèces. Non-seulement celles-ci sont très-nombreuses, ainsi que leurs variétés; mais encore les fleurs mâles et les fleurs femelles se trouvent séparées, dans chaque espèce, sur des pieds différents. Second embarras : la floraison de la plupart des saules se fait avant l'apparition du feuillage. Enfin, les saules coupés annuellement, comme l'exige l'exploitation des oseraies, ne fleurissent pas. Que d'obstacles à une étude approfondie ! Aussi, ne doit-on pas s'étonner, si les auteurs qui ont traité des oseraies ont faiblement décrit les divers saules cultivés. Pour arriver à une détermination plus satisfaisante, nous avons dû nous livrer nous-même à de longues études, dans lesquelles il fallait accorder le sentiment de l'agriculteur avec l'avis du botaniste, et réunir tout spécialement les caractères tirés du feuillage.

Ces recherches nous permettent d'établir que les osiers cultivés appartiennent à dix espèces de saules, dont plusieurs présentent un certain nombre de variétés, savoir :

Page 15.

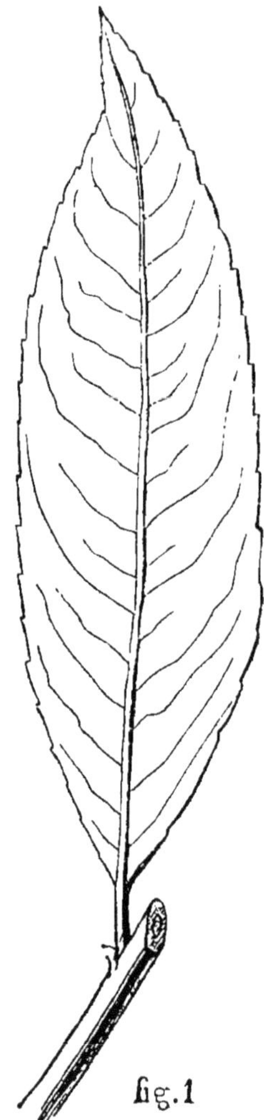

Saule cendré.

SAULE CENDRÉ. — (*Salix cinerea*, Linnée; — *Salix acuminata*, Wildenow, Hoffmann, Mérat, Bosc; — *Osier brun, vache brune* des environs de Paris; — Variétés, *Salix cinerea viridis*, *Salix cinerea variegata*, Seringe). — (Fig. 1.)

Arbre de trois à quatre mètres de haut; rameaux toujours veloutés; boutons à fleurs déjà très-distincts à l'automne; deux étamines; floraison avant l'apparition des feuilles; celles-ci alternes, épaisses, d'un vert terne et grisâtre, ovales, terminées par une petite pointe, denticulées principalement vers le haut, faiblement ondulées sur les bords, laineuses en dessous, supportées par un pétiole très-court, longues de cinq à six centimètres, lorsqu'elles se trouvent sur les pousses produites par des souches récemment coupées[1]; stipules (on appelle ainsi

[1] Les dimensions des feuilles de saules varient beaucoup, suivant que ces feuilles se trouvent sur des branches déjà ramifiées et d'un certain âge, ou sur

les appendices foliacés qui se trouvent à la base des feuilles) dentées, accompagnant les feuilles des jets les plus vigoureux.

Ce saule, très-commun dans les lieux humides, ressemble au *Saule Marceau* pour l'aspect général ; mais il a les feuilles moins larges et plus aiguës, les rameaux moins forts, le port moins élevé. Il est très-rustique, et l'osier qu'il procure ne peut servir qu'à la plus grossière vannerie.

On peut en dire autant des pousses du *Saule Marceau* (fig. 2), de celles du *Saule à oreillettes* (fig. 3), et de quelques autres espèces voisines que l'on utilise parfois à la vannerie, sans

pousses droites et remplies de séve qui partent directement de souches récemment coupées. Les feuilles qui couvrent ces derniers jets, sont toujours beaucoup plus grandes que les autres. On comprend que nos dessins et nos mesures s'y appliquent exclusivement, puisqu'un tel genre de feuillage est le seul qu'on aperçoive sur les osiers cultivés.

Page 16.

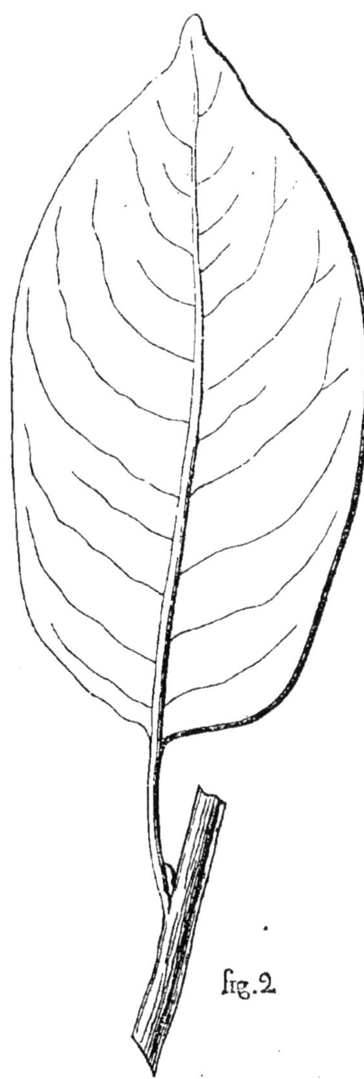

Saule Marceau.

2.

Page 16.

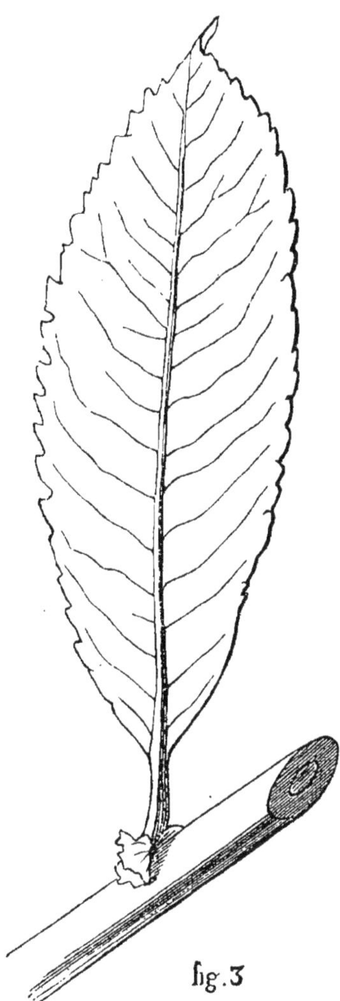

Saule à oreillettes.

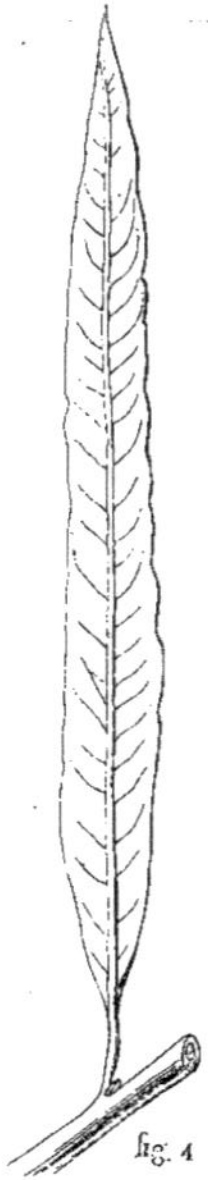

Page 21.

fig. 4

Saule viminal.

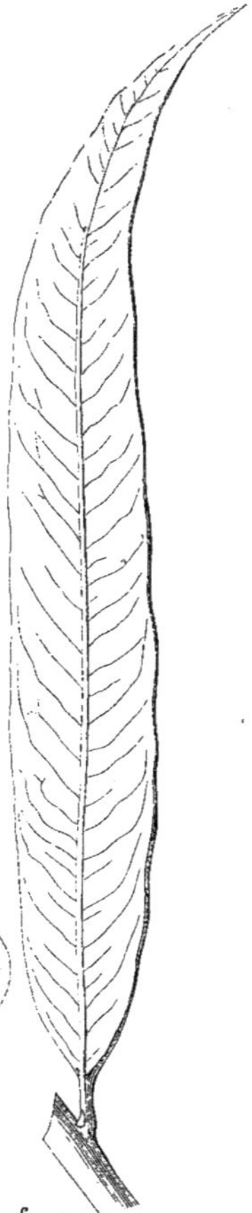

fig. 5

Saule viminal.

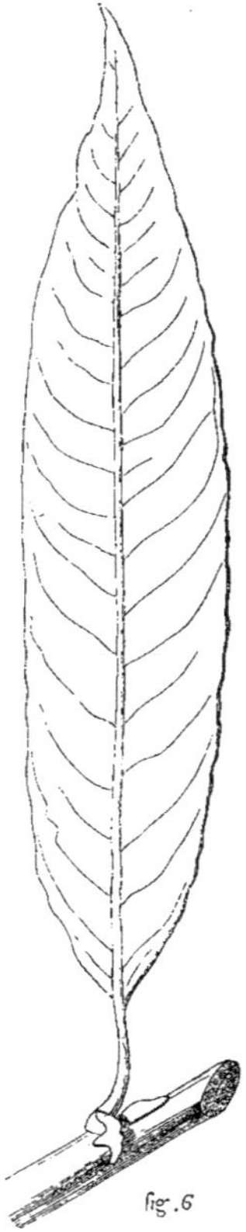

fig. 6

Saule cotonneux.

qu'à notre connaissance la culture régulière en ait été tentée jusqu'à présent.

SAULE VIMINAL. — (*Salix viminalis*, Linnée).

On le nomme vulgairement *Osier à longues feuilles*, à cause de la longueur de ses feuilles; — *Osier blanc*, à raison de la teinte argentée qu'elles ont en dessous; — *Queue de renard* dans les Ardennes, parce que, piqué par un insecte au sommet de ses brins, il se ramifie et présente alors une sorte de houppe qui a quelque analogie avec la queue d'un renard; — *Osier vert*, *noir*, *blond*, *double blond*, suivant la couleur de l'écorce de telle ou telle variété. A Beauvais, on appelle *Romarin* (fig. 5), une variété de ce saule dont les jets sont très-vigoureux, les feuilles très-longues et l'écorce verte; — *Mignonnette* (fig. 4), une autre variété moins grande et à écorce rouge.

Arbre de six à sept mètres de haut, bourgeons cendrés; écorce de diverses nuances suivant les variétés, ainsi qu'il a été dit plus haut; feuilles alternes, terminées par une pointe très-aiguë, supportées par un court pétiole, plus étroites que celles d'aucun autre saule proportionnellement à la longueur, qui varie de dix à seize centimètres; un peu ondulées sur les bords, et non dentées, soyeuses à la surface inférieure, roulées dans le sens de la longueur lorsqu'elles sont jeunes; stipules le plus souvent nulles, fleurs en chatons velus, paraissant au printemps avant les feuilles; deux étamines.

Cette espèce, l'une des plus cultivées en oseraie, présente des jets très-élancés, qui atteignent parfois jusque trois et quatre mètres; les brins sont d'une excellente qualité dans certaines variétés, moins bons dans d'autres. L'une des meilleures est connue près de Saint-Quentin sous le nom d'*Osier blond* ou *double-blond*.

SAULE COTONNEUX. — (*Salix incana*, Seringe; — *Salix riparia*, Wildenow; *Salix lavandulæfolia*, Lapeyr.; — *Salix angustifolia*, Poir.; — *Salix rosmarinifolia*, Gonon). (Fig. 6.)

Quoiqu'on l'ait souvent confondu avec le précédent, il en diffère beaucoup, en ce que ses feuilles, proportionnellement plus larges et moins longues, sont en-dessous plutôt cotonneuses que soyeuses; souvent même il se trouve du duvet cotonneux à la surface supérieure. La couleur du feuillage est vert terne. L'écorce des pousses est également cotonneuse et d'un vert terne, quelquefois rougeâtre. Assez commune le long des rivières, cette espèce ne peut servir qu'à la vannerie la plus grossière. On la cultive cependant en quelques lieux.

SAULE DAPHNÉ A FEUILLES AIGUES.— (*Salix daphnoides acutifolia*, Seringe ; — *Salix acutifolia*, Wild.; *Salix violacea*, Andrew ; *Salix Nigra*, du Muséum ; — *Osier violet*). (Fig. 7.)

Arbre élevé et élégant, rameaux et bourgeons très-minces ; feuilles alternes, oblongues, denticulées, glauques au-dessous, un peu poilues lorsqu'elles sont jeunes, finissant en pointe très-aiguë, dures, luisantes, de 7 à 10 centimètres de long, ressemblant beaucoup à celles du saule pleureur ; stipules très-étroites et denticulées ; fleurs très-soyeuses, naissant en même temps que les feuilles ; deux étamines ; rameaux couverts d'une abondante poussière violette ; jets annuels minces, très-flexibles et pouvant atteindre, suivant Bosc, jusque trois à quatre mètres de haut.

Cette espèce, que Bosc (*Dict. d'agr.*) dit originaire des bords de la mer Caspienne, n'est pas

Page 24.

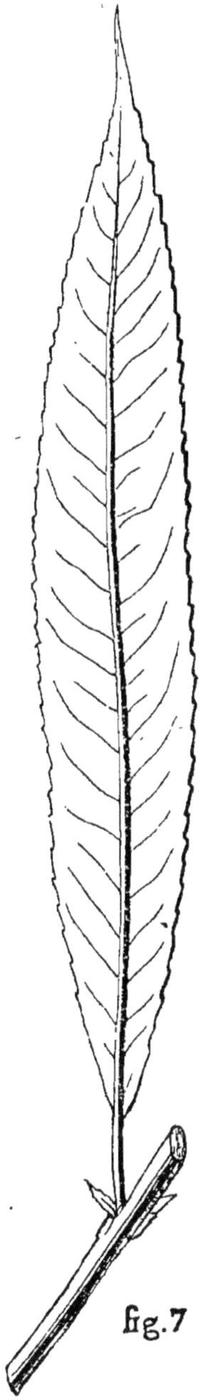

fig.7

Saule Daphné à feuilles aiguës.

encore très-répandue pour la culture des oseraies; elle paraît cependant avoir une valeur réelle.

SAULE FRAGILE. — (*Salix fragilis*, Linnée, Hoffman, Seringe, etc.).

Arbre d'un port élevé, pouvant atteindre jusque 20 mètres et plus ; jets de l'année flexibles et propres à la vannerie, tandis que, plus tard, les ramifications en deviennent fragiles, au point de se casser souvent sous le poids de petits oiseaux; feuilles alternes, en forme de fer de lance très-aigu, dentées, glauques en dessous, d'un vert luisant à la surface supérieure, de 8 à 15 centimètres de long; stipules dentées ; écorce des jeunes pousses vert clair, rouge, violet, gris foncé suivant les variétés; jets annuels d'une longueur de 1 mètre 50 à 2 mètres, un peu trop disposés à se ramifier; fleurs en chatons longs et pendants, paraissant en avril après le feuillage, et pourvus à leur base de quelques petites feuilles ; deux étamines. (Fig. 8.)

Le saule fragile est souvent multiplié par plançons le long des rivières, puis exploité pour bois de chauffage. D'autre part, on le cultive beaucoup en oseraie. Il est rustique ; mais ses produits ne sont que de seconde qualité.

SAULE BLANC. — (*Salix alba*, Linnée).

Grand arbre atteignant jusque 30 mètres de haut, exploité souvent en têtard le long des rivières et des prés ; feuilles alternes, oblongues, de même forme que celle du saule fragile, mais plus petites et plus minces, d'une longueur de 7 à 10 centimètres, finement dentées, soyeuses en dessous, souvent même à la partie supérieure, ce qui leur donne un aspect argenté très-agréable à l'œil ; fleurs en chatons cylindriques et pendants ; 2 étamines. (Fig. 9.)

Page 28.

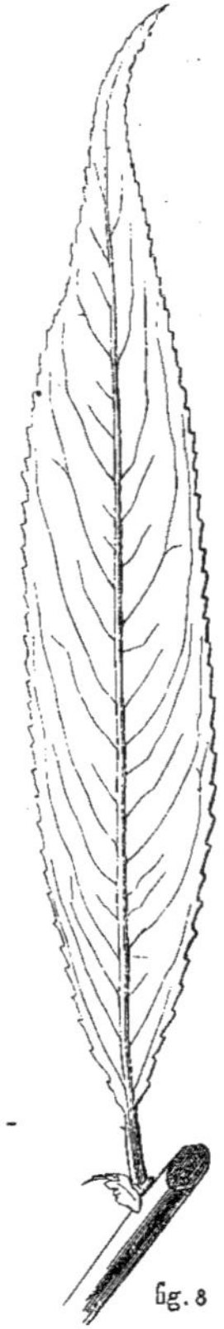

fig. 8

Saule fragile.

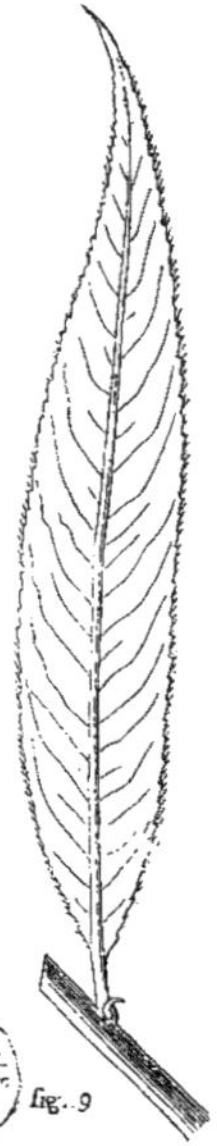

fig. 9

Saule blanc.
Variété dite des vignes.

Parmi les variétés du saule blanc, il en est une remarquable par la couleur jaune-orange des jeunes brins, qui sont d'ailleurs très-fins et très-souples. Les botanistes lui donnent le nom de *Salix vitellina* ou *Saule des vignes*, et les cultivateurs l'appellent *Osier jaune*, *Amarinier*. C'est celui dont le jardinier et les vignerons se servent le plus. Il est de qualité supérieure, excellent pour la tonnellerie ; les jets annuels atteignent 1 à 2 mètres.

SAULE ROUGE. — (*Salix rubra*, Smith, Hudson, Seringe; *Salix virescens*, Wild.; — *Salix concolor*, Hoff.; — *Osier rouge*, *Osier fendu*, *Houssine*.

Arbuste d'une hauteur de 3 à 4 mètres ; feuilles alternes en forme de fer de lance allongé comme celles du saule fragile, mais plus petites, grisâtres en-dessous, d'une longueur de 8 à 12 centimètres, bordées de petites dents plus distantes que ne sont celles du saule fragile, stipules très-petites ou nulles ; fleurs en chatons dressés, se montrant avec les feuilles ; végétation vigoureuse en été, mais, dès le premier printemps, lente et tardive, ce qui rend la culture de ce Saule plus difficile que celle d'espèces plus précoces, parce que le terrain n'étant couvert de feuilles qu'à une époque avancée de la belle saison, tend à se souiller de mauvaises herbes et exige des sarclages particulièrement assidus.

Jets annuels d'une hauteur de 1 mètre 50 à 2 mètres, très-minces, très-nerveux, peu disposés à se ramifier, ordinairement d'un rouge plus clair à la base qu'à une certaine hauteur, très-propres à la vannerie fine, excellents pour être fendus et servir aux tonneliers.

On distingue dans cette espèce une variété à écorce olivâtre, *S. olivaria*, Seringe ; — une autre à feuillage légèrement soyeux, *S. sericea*, Koch., qu'on pourrait confondre avec le *Salix vitellina* ; — enfin une t oisième variété à feuilles

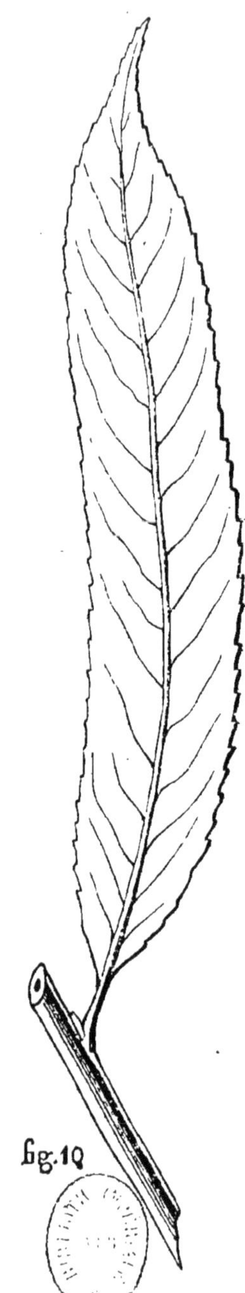

fig. 10

Saule rouge — osier à fendre.

rès-pointues et à pétiole allongé, *S. rubra elongata*, Seringe (fig. 10).

SAULE A UNE ÉTAMINE. — (*Salix monandra*, Hoffmann, Seringe, dont Linnée a fait deux espèces, savoir : *Salix purpurea* et *Salix helix*; — *Osier pourpre*; — *Osier noir*, *Vourgène* des environs de Lyon.

Arbrisseau peu élevé, à jets très-minces ; facile à distinguer par ses feuilles, tantôt alternes, tantôt opposées, tandis que celles des autres saules sont toujours alternes; feuilles oblongues, parfois spatulées, obtuses ou aiguës, rarement denticulées et seulement au sommet, d'un vert quelquefois clair, mais le plus souvent terne en dessus, glauque bleuâtre à la surface inférieure, d'une longueur de 8 à 15 centimètres suivant les variétés ; stipules rarement développées ; fleurs en forme de petits chatons rougeâtres, s'épanouissant en même temps que les feuilles ; deux étamines, soudées ensemble et ne paraissant en former qu'une seule ; écorce verte, rouge pourpre ou noire, suivant les variétés. (Fig. 11.)

Les jets annuels de cette espèce sont d'une hauteur de 1 mètre à 1 mètre 50, très-fins, très-nombreux, très-nerveux, très-souples, ce qui les fait rechercher pour la vannerie fine. Lorsque l'arbuste est isolé, ces brins s'étendent en traçant et jettent quantité de racines. Aussi, cette espèce est une des meilleures à planter sur les lieux exposés aux dégradations des eaux.

Les variétés *sericea*, Seringe (fig. 12), et *Lambertiana*, Koch. (fig. 13), se distinguent, l'une par les poils soyeux qui couvrent les bourgeons et les feuilles, l'autre par un feuillage et des rameaux plus développés que ne sont ceux de la variété ordinaire, *S. monandra vulgaris*.

34 Page.

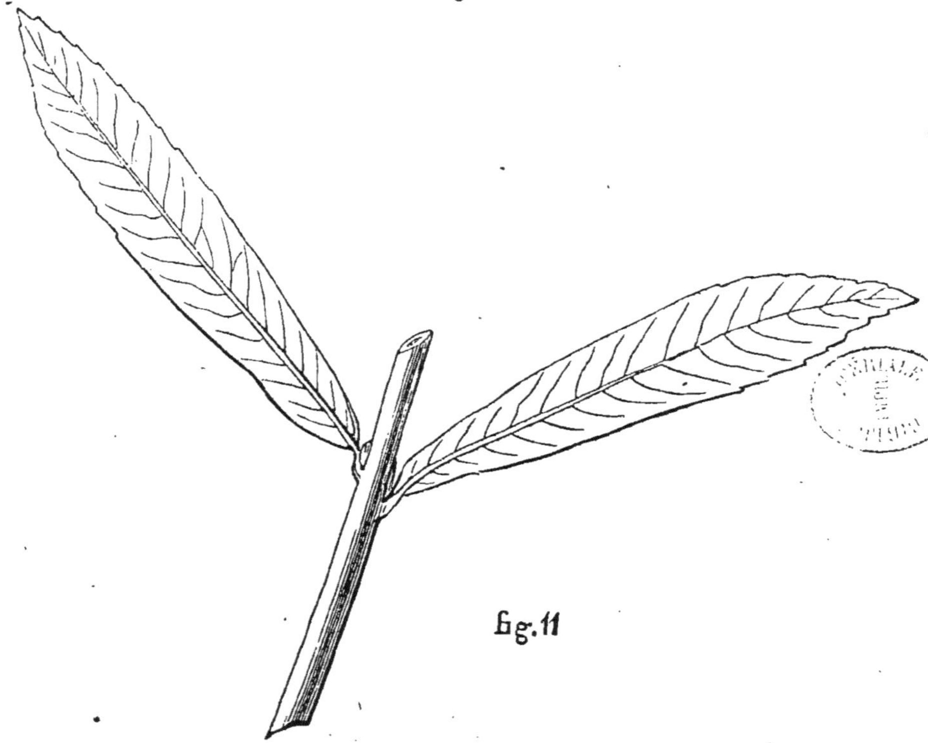

Fig. 11

Saule à une étamine.—Variété commune.

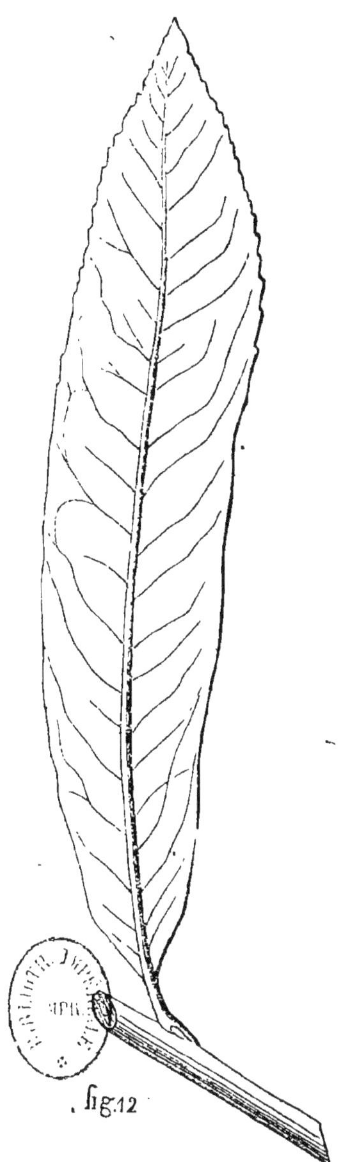

Saule à une étamine.—Variété soyeuse (*Sericea*).

Page 39.

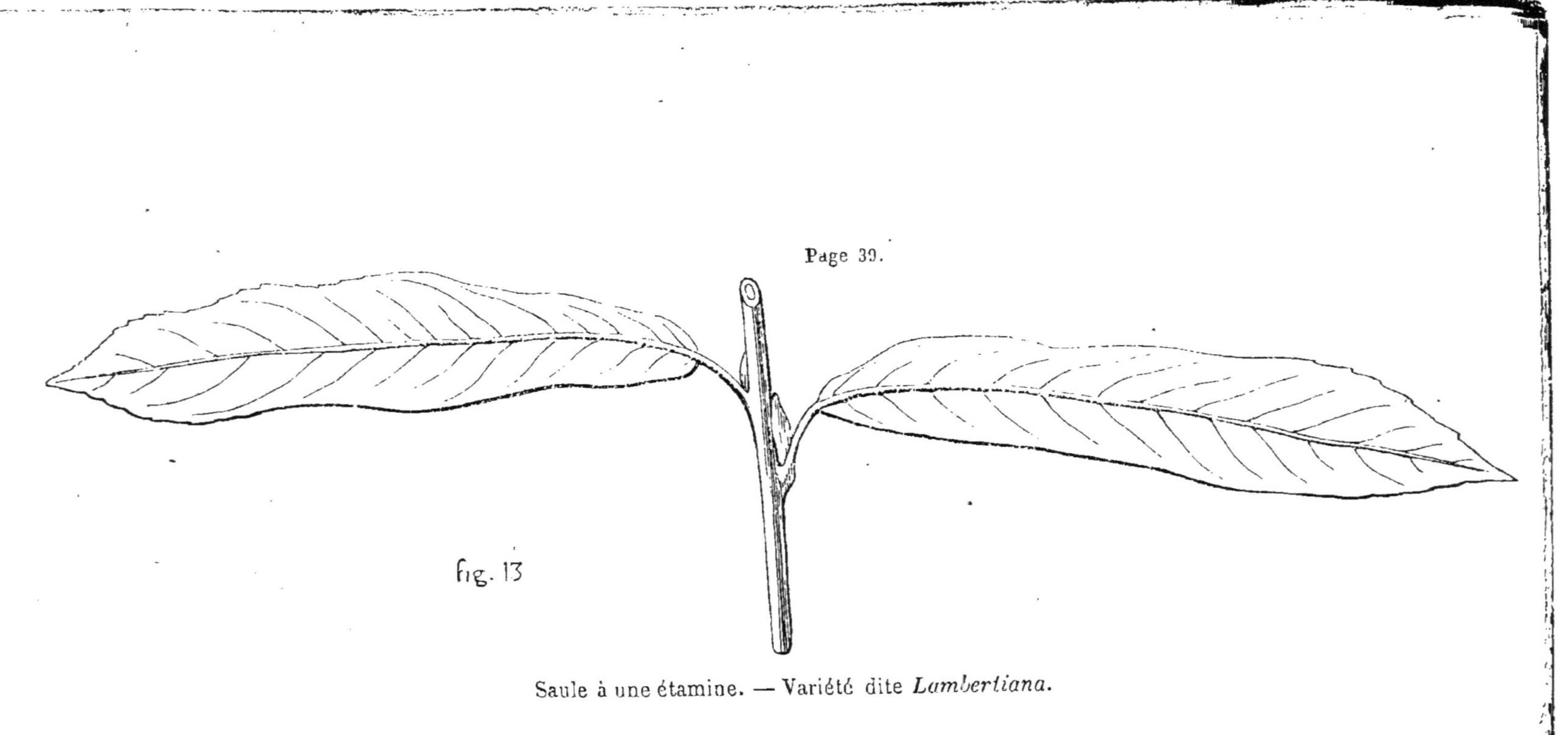

Saule à une étamine. — Variété dite *Lambertiana*.

SAULE A TROIS ÉTAMINES. — (*Salix triandra*, Linnée; — *Saule à feuilles d'amandier*, *Salix amygdalina*, du même; — *Osier brun* des Ardennes; — *Gannette* de Picardie).

Arbre d'environ 10 mètres de haut, qui, chaque année, perd son écorce à la manière du platane; feuilles sans poils, d'une longueur de 8 à 10 centimètres, moins effilées vers la pointe que ne le sont celles du Saule fragile, d'un vert de diverses nuances suivant les variétés et toujours plus foncé en dessus qu'en dessous, pourvues de dents nombreuses et très-prononcées; stipules formant collerette à la base des feuilles; extrémité des pousses striées; fleurs en chatons dressés, jaunâtres, paraissant en même temps que les feuilles; 3 étamines; écorce jaune, brune ou vert émeraude; brins annuels d'une hauteur de 1 mètre 50 à 2 mètres, peu disposés à se ramifier.

La variété de cette espèce, que l'on nomme dans les Ardennes *Osier brun*, est considérée comme inférieure à l'Osier rouge ; celle qui, à Beauvais, se cultive sous le nom de *Gannette* (fig. 14) est, au contraire, très-estimée. On reconnaît cependant que les brins de cette variété ne sont pas d'excellent usage, si on les emploie sans les peler.

Indépendamment de la variété commune, *vulgaris*, Seringe, *amygdalina concolor*, Koch., Wild., dont nous venons de donner la description, on distingue dans cette espèce la variété à feuilles glauques, *glaucophylla*, Seringe, dont le feuillage présente une nuance glauque très-prononcée, en même temps que les feuilles sont plus grandes et plus minces, *S. Villarsiana*, Flugg. ; — *triandra discolor*, Fries.

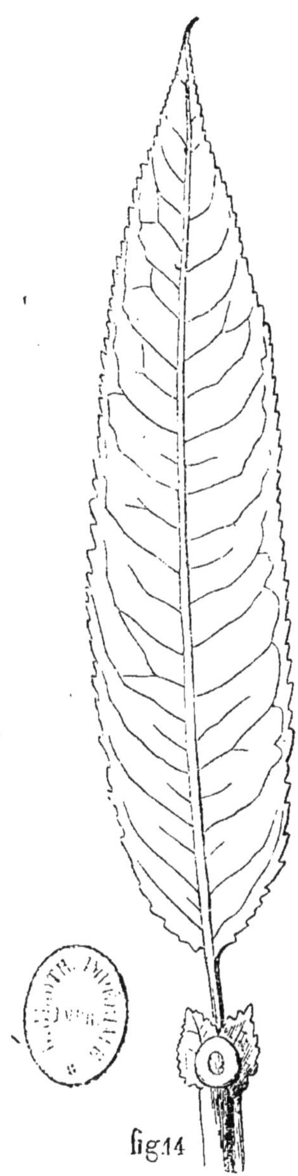

Saule à trois étamines.
Gaunette de Beauvais. — Osier brun.

Page 43.

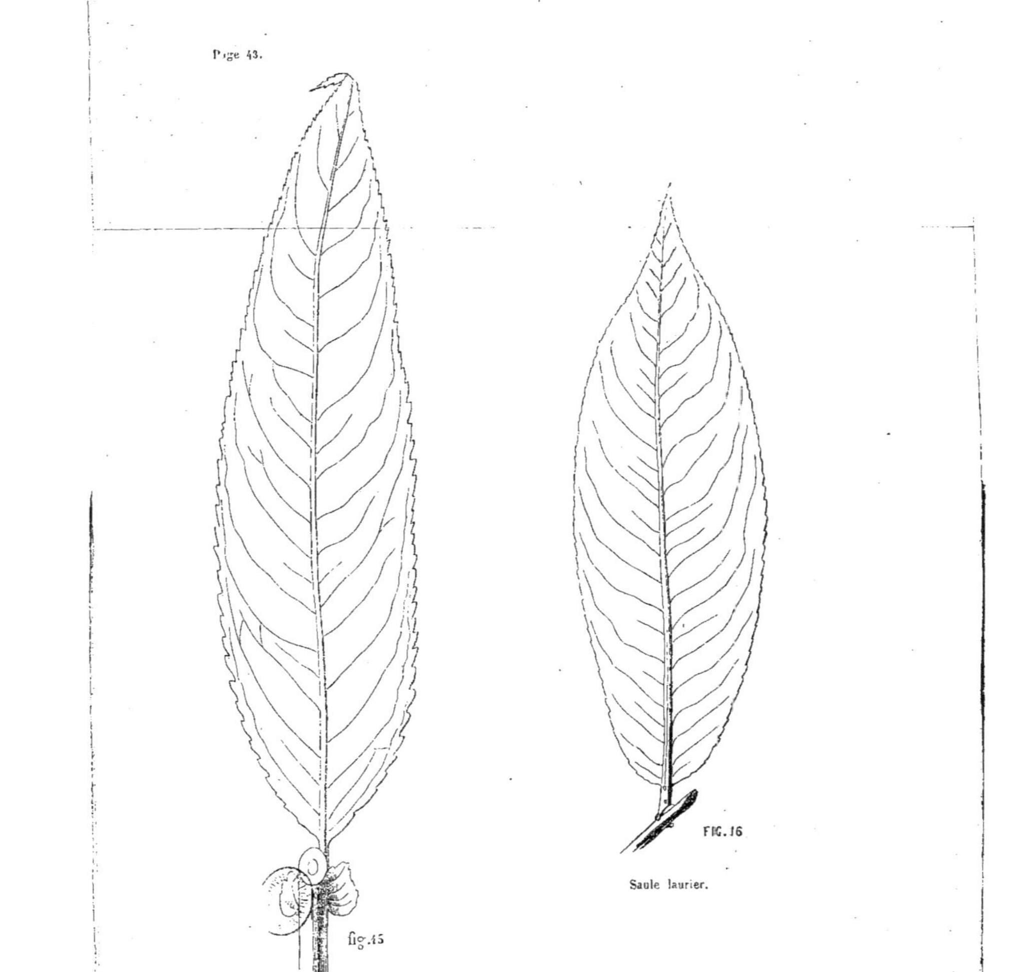

fig. 15

FIG. 16

Saule laurier.

SAULE A CINQ ÉTAMINES. — (*Salix pentandra*, Linnée; — *Salix polyandra*, Schrank; — *Salix tinctoria*, Smith; — *Salix amygdalina*, du Muséum; — *Saule à feuilles de laurier, Saule odorant*.

Arbre de 5 à 6 mètres de haut, le plus beau du genre ; feuilles lustrées, ressemblant à celles du laurier, en forme de fer de lance, de dix à quinze centimètres de long, dentées, légèrement aromatiques et quelquefois bordées de glandes qui suintent une résine odorante ; stipules très-développées et dentées ; fleurs en chatons cylindriques s'épanouissant en même temps que le feuillage ; 5 à 8 étamines; écorce verte ou rougeâtre; brins annuels de 1 mètre 50 à 2 mètres; osier très-vigoureux, mais de second ordre pour la qualité. On le cultive en Picardie sous le nom de *gros rouge* (fig. 15); comme il se plaît non-seulement dans les lieux humides, mais qu'il peut venir encore en terrain sec; quelques vignerons des environs de Paris, nous a-t-il été assuré, le plantent le long de leurs vignes, afin de trouver sur place l'osier nécessaire pour leurs liens.

Ce saule ne doit pas être confondu avec un autre non cultivé en oseraie, le *Saule laurier*, *Salix laurina*, Seringe (fig. 16), dont les feuilles moins longues, plus larges, dépourvues de stipules, très-lisses et satinées, ressemblent encore davantage à celles du laurier commun.

Les espèces ci-dessus décrites peuvent se classer ainsi qu'il suit par ordre d'importance :

1° *Osier viminal* (Salix viminalis) ; *Osier rouge* (Salix rubra) ; *Osier jaune* (Salix vitellina) ;

2° Osiers de l'espèce du *saule fragile* (Salix fragilis) ; *Osier brun* (Salix triandra); *Osier pourpre* et *Osier bleu* (Salix monandra); *Osier violet* (Salix acutifolia) ;

3° *Osier vache brune* (Salix cinerea) ; *Osier laineux* (Salix incana) ; *Osier gros rouge* (Salix pentandra).

Indépendamment de ces espèces, on trouve encore dans les oseraies des sujets hybrides provenant du mélange des poussières séminales de divers saules ; enfin, chaque sorte se subdivise en un certain nombre de variétés plus ou mois vigoureuses et de qualités différentes.

Parmi tant de saules, il est d'autant plus essentiel de faire un bon choix que, sans rien exiger de plus, tel osier peut souvent rapporter un produit double en valeur de celui d'un autre.

Une seule et même variété procure d'ailleurs des brins de qualité différente, suivant la nature du terrain où on la cultive. Ainsi, dans chaque espèce, l'osier récolté sur terrain tourbeux est toujours, pour la souplesse et le nerf, inférieur à celui qui vient de terre de plaine ou de colline argilo-calcaire.

Certaines variétés, particulièrement de l'espèce *Salix fragilis,* ne procurent pas des brins aussi solides les premières années de la plantation que lorsque les souches ont pris un peu d'âge.

La qualité est toujours facile à apprécier : peu de moëlle, fibre serrée, jets effilés avec peu ou point de ramifications, grande ténacité lors de la torsion, tels sont les caractères du bon osier.

III

PLANTATION, CULTURE

Pour prospérer, les oseraies exigent un degré d'humidité qui, sous le climat du Languedoc et de la Provence, caractérise principalement les lieux irrigués, tandis que, dans le Nord, l'Est et l'Ouest de la France, l'arrosage n'est nullement nécessaire. Il suffit que le sol ne soit pas trop prompt à se déssécher lors des chaleurs.

Quant à un assainissement parfait, il doit être

considéré comme indispensable, même pour l'oseraie irriguée, sauf le cas exceptionnel d'un genre de culture que nous décrirons après avoir parlé du mode d'aménagement le plus productif.

L'osier ne peut donner de riches produits que sur un sol profond, d'une certaine consistance, riche en humus. Il n'est pas nécessaire que cet humus soit de la meilleure nature et complétement exempt d'acide. Ainsi, des prés très-médiocres, des marais assainis dont la terre conviendrait peu aux céréales, constituent souvent de bonnes oseraies.

Sans être indispensable, la présence du calcaire favorise la végétation des meilleures espèces. Un apport de marne ou de chaux serait donc utile pour les oseraies plantées en terres privées de ce principe que réclament la plupart des végétaux utiles à l'homme.

Bien que l'on ne fasse encore que rarement usage d'engrais pour l'osier, on remarque : 1° que la végétation de cet arbuste est particulièrement vigoureuse sur terrain bien entretenu et bien fumé depuis longtemps ; 2° que les espèces les plus estimées, *Osier viminal, Osier rouge*, *Osier jaune*, ne se plaisent que sur des sols vraiment fertiles. Aussi, voit-on souvent, dans les pays de grande production, planter en osier des terrains de première classe, des chenevières, des jardins même.

Le sous-sol tourbeux peut être considéré comme favorable sinon à la qualité, du moins à l'abondance des récoltes, à condition que la tourbe soit recouverte de 30 centimètres au moins de terre ferme. Autrement, l'enracinement n'est pas assez solide, et trop ébranlés par les coupes annuelles, les pieds dépérissent rapidement.

L'ombre nuit singulièrement à l'osier aussi bien que les racines des arbres et notamment des peupliers. Il ne faut donc en planter que sur des lieux parfaitement découverts.

5

Le mieux est que l'oseraie reçoive de temps en temps une inondation passagère et se couvre chaque fois d'une faible alluvion. Ce limon, fût-il peu fertile en apparence, détermine sur le jeune bois un renouvellement de racines très-favorable à la vigueur et à la durée des souches. Aussi, doit-on tirer parti de cette circonstance partout où elle se présente naturellement, sur le bord des rivières, au pied des torrents, etc. On crée ainsi sur des espaces sans valeur les oseraies les plus productives, témoin les magnifiques oseraies des bords de la Garonne.

L'irrigation proprement dite ne peut être admise qu'au temps des grandes sécheresses, et lorsque, par des sarclages corrects, l'oseraie se trouve entièrement nettoyée de plantes parasites. Trop fréquente, elle ferait pousser les mauvaises herbes et nuirait, bien loin d'être utile.

Le terrain que l'on convertit en oseraie, doit tout d'abord recevoir, avant ou pendant l'hiver, un défoncement de deux fers de bêche, jusqu'à une profondeur de 40 à 50 centimètres, le gazon enfoui au fond de la jauge et la terre du dessous ramenée à la surface, sans qu'il reste de vide intérieur.

Cette opération a un triple but : 1° de permettre à l'osier de chercher très-avant la fraîcheur qui lui est nécessaire; 2° de favoriser l'ascension de cette même fraîcheur jusqu'à la surface, ascension que la capillarité d'un sol ameubli détermine, et qui ne pourrait se produire si le sous-sol restait compacte; 3° d'étouffer par enfouissement toute mauvaise herbe et de remettre en dessus une terre presque absolument exempte de germes nuisibles, ce qui simplifie singulièrement les sarclages ultérieurs, et principalement ceux de première et de seconde année, qui sont de beaucoup les plus essentiels.

Aussitôt après l'hiver, on passe le rateau, puis le rouleau, afin de fermer tous les interstices du sol en vue de la conservation de la fraîcheur.

Ensuite, on plante l'osier par boutures fortes et solides, prises sur les jets les plus vigoureux de l'année précédente. Ces boutures ont 25 à 30 centimètres de long. On les enfonce aussi profond que l'on peut, et l'on coupe au sécateur ce qui s'élève au-dessus du sol.

Sur la question de l'espacement, les opinions sont partagées. Quelques-uns conseillent des distances assez grandes et telles que la houe à cheval puisse circuler entre les lignes. D'après l'expérience la plus générale, nous pensons, au contraire, qu'il faut fortement rapprocher les uns des autres les pieds d'osier, 1° afin d'obtenir les brins les plus fins et les plus élancés, car ce sont ceux-là qu'on estime le plus; 2° pour que la terre, plus vite couverte au printemps par le feuillage, soit moins disposée à s'infester de mauvaises herbes.

Cultive-t-on l'Osier rouge et l'Osier jaune

en vue de les faire fendre pour la tonnellerie; comme c'est alors qu'il importe d'obtenir les jets les plus fins, on espace les lignes entre elles de 25 à 30 centimètres seulement; c'est juste ce qu'il faut pour pouvoir mettre le pied entre deux lignes lors des sarclages. Entre les sujets, dans chaque ligne, on ne donne que 15 à 20 centimètres d'espacement. Les osiers qui ne sont pas destinés à être fendus, doivent être espacés de quelques centimètres en plus.

Des sarclages corrects, de sorte qu'aucune mauvaise herbe ne puisse surgir, et une garde assidue contre le bétail, tels sont les principaux soins de la première année, puis de chacune des années suivantes.

Les sarclages des oseraies sont de deux sortes. Les premiers, toujours très-superficiels, se font comme ceux des cultures jardinières; ceux qui suivent consistent à casser simplement à la main les herbes nuisibles. Ces derniers suffisent souvent pour comprimer toute végétation parasite et maintenir en bon état de production les oseraies bien garnies et en pleine vigueur.

Les joncs, les graterons, les roseaux et surtout les liserons, perdent une oseraie en fort peu de temps, si on les laisse se multiplier. Sur ce point, tout dépend du défoncement et de l'attention à sarcler par temps sec, dès que les mauvaises plantes apparaissent. Attendez quelques jours, l'ouvrage sera triplé; un peu plus tard, décuplé; bientôt après, le nettoyage complet devient impossible.

Au printemps, lorsque les pousses de l'osier commencent à poindre, on conseille dans les Ardennes le pâturage des moutons, et cela pour le tassement régulier du sol et la destruction des mauvaises herbes, qui, pincées de très-court par ces animaux, sont ensuite plus faciles à détruire lors du sarclage. En aucun autre moment, il ne faut introduire de bétail dans les oseraies.

L'osier pousse faiblement la première année. Quelques auteurs conseillent, pour le laisser se fortifier, de ne pas le couper au printemps de la seconde année ; ce qui reporte la première coupe au printemps de la troisième. L'expérience des meilleurs praticiens est tout à fait contraire à ce système. Tant que la souche n'a pas été recépée, elle n'est ni forte ni solidement établie. Il faut donc se hâter de couper. L'opération se fait rez terre au moyen d'une serpe à lame coudée comme une truelle, presque aussi tranchante qu'un rasoir. Chaque année, l'opération se renouvelle toujours sur le jeune bois, et aussi près que possible de la surface du sol.

C'est ici le lieu d'observer que la coupe annuelle en rompant à chaque printemps toute proportion entre la partie aérienne et la partie souterraine des plants d'osier, tend à les affaiblir, et que pour leur rendre vigueur il est parfois très-avantageux de laisser une année sans couper. Alors on obtient des brins de deux ans d'âge très-bons pour fournir des boutures, mais très-inférieurs pour les usages industriels.

Lorsque l'osier est bien exploité, les souches forment au-dessus du sol une saillie tellement faible, qu'on peut marcher dans une oseraie nouvellement coupée sans chercher à les éviter. Cependant il se produit, chaque année, un faible exhaussement. Dès qu'il commence à devenir sensible, on doit recharger l'oseraie d'un peu de terre, afin que le sommet des souches se retrouve au raz du terrain. A la suite de chaque rechargement, le jeune bois jette, au milieu de la terre-meuble dont il est entouré, quantité de racines qui rajeunissent le pied et permettent à la séve d'affluer directement dans les nouveaux jets. Si l'on s'abstenait de ce soin, les fluides nourriciers ne pourraient parvenir aux brins qu'après avoir passé par les nodosités de la souche; de là, un grand ralentissement dans la circulation, beaucoup de faiblesse et souvent la mort.

En certains lieux, l'osier, comme nous l'avons dit, est naturellement rechaussé par de bienfaisantes alluvions. A défaut de cette circonstance favorable, on peut se procurer, sans frais de charroi, la terre nécessaire, en creusant des fossés dans l'oseraie même, chaque fois qu'il s'agit de recharger. Afin de se réserver cette faculté aussi complète que possible, il ne faut pas, à moins que l'assainissement ne l'exige, ouvrir de tels fossés au moment même de la plantation.

L'établissement d'oseraies sur ados de 2 à 3 mètres de large, avec fossés intermédiaires (système généralement usité dans certains pays), présente encore le grave inconvénient d'un nettoyage ultérieur plus difficile, parce que, au bout de peu de temps, les fossés se remplissent de mauvaises herbes et les propagent tout à l'entour.

Si l'on tient à relever un sol trop bas et trop humide, plutôt que de multiplier ainsi les petits fossés, nous conseillons d'en creuser de profonds et de larges, séparés entre eux par un intervalle de 10 à 15 mètres. S'il reste constamment de l'eau dans ces cavités, on peut les empoissonner, et le terrain tout entier se trouve productif.

La durée d'une oseraie régulièrement rechargée est indéfinie. Quant aux osiers qu'on ne recharge pas, en sol de fertilité ordinaire ou médiocre, ils ne restent pas vigoureux plus de dix à douze ans, fussent-ils d'ailleurs bien exploités et bien cultivés. Le dépérissement est encore beaucoup plus rapide si, par l'effet d'une taille trop longue, on laisse chaque pied former promptement tête de saule.

Le produit n'est complet qu'à la quatrième année.

IV

EXPLOITATION & PREMIÈRE PRÉPARATION DU PRODUIT

L'osier s'emploie sous trois états différents : 1° pourvu de son écorce, et non fendu pour la grosse vannerie; 2° blanchi, c'est-à-dire écorcé pour la vannerie ordinaire et pour celle de luxe; 3° pourvu de son écorce et fendu en trois pour la confection des liens nécessaires au tonnelier. Le mode d'exploitation varie suivant que l'osier doit être traité de l'une ou de l'autre de ces trois façons.

L'osier que l'on ne doit ni peler ni fendre, se coupe, dans le nord de la France, du 15 novembre au 1er avril. On le laisse sécher sur terre pendant cinq ou six jours; et pour le sortir de l'oseraie, ce qui doit toujours se faire avec le moins de piétinement d'atelage possible, on commence par le lier en grosses bottes.

La coupe et cette première mise en bottes se payent, dans les Ardennes, 60 à 75 francs par hectare.

Ensuite après avoir débarrassé l'osier des herbes, feuilles et autres saletés qui s'agglomèrent à sa base, on le lie après l'avoir étendu quelques jours pour qu'il sèche, afin d'éviter tout danger de fermentation, toutes les cimes du même côté, par bottes à deux liens, dont la circonférence est de 1m,17. Ce travail se paye, dans les Ardennes, 8 francs par cent bottes.

Les hommes qui en sont chargés, divisent l'osier par catégories de diverses longueurs, savoir : 1° le grand, de 2 à 3 mètres; 2° le moyen, de 1m,25 à 1m,75; 3° le petit, de 0m,60 à 0m,90.

La botte de cet osier non pelé se vend généralement, suivant longueur et qualité, 0 fr. 75 à 1 fr. 50; la grosse vannerie préfère habituellement les osiers de grande taille aux petits.

L'osier destiné à être pelé ou blanchi se coupe à la fin de l'hiver, lorsqu'il commence à entrer en séve. On le lie en petites bottes avec une seule hart à 20 centimètres au-dessus du pied. Puis, afin de le mettre en séve en vue de l'enlèvement facile de l'écorce, on dresse ces bottes dans une fosse bien nettoyée, le pied dans l'eau sur une profondeur de 4 à 45 centimètres.

Il importe de disposer alors les choses de telle sorte que le niveau de l'eau ne puisse varier d'une manière excessive. On appuie les bottes contre des perches horizontales, afin que le vent ne les renverse pas, et si elles sont dans un ruisseau, on les éloigne quelque peu du bord, de peur de la dent meurtrière des rats. Il est prudent de les couvrir très-légèrement de litière pour les préserver de la gelée ; car si, excité d'abord par une température chaude, le mouvement de la sève se trouvait ensuite arrêté par l'effet d'un retour de froid, l'écorce ne se détacherait plus. Enfin, on choisit, s'il se peut, une eau douce, courante, aérée. La mise en séve est très-lente et quelquefois nulle dans les eaux crues et froides.

On coupe aussi des oseraies en pleine séve, et le pelage des brins a lieu, dans ce cas, de suite et sur place. Le commerce préfère les osiers mis en séve par le procédé ci-dessus, qui présente, en outre, l'avantage de répartir l'ensemble du travail dans un beaucoup plus long espace de temps et permet d'opérer sur plus vaste échelle l'exploitation des oseraies.

Y a-t-il lieu de présumer que l'enlèvement de l'écorce ou blanchiment sera fini dans le cours de mai, on met les bottes à l'eau aussitôt après la coupe, et on les y tient, sans y toucher, jusqu'à l'opération. Mais si celle-ci doit se prolonger jusqu'en juin, on cherche à retarder la végétation de l'osier qui sera écorcé en dernier lieu, et à cet effet, on le tient d'abord à la cave pendant huit à quinze jours. Pour les bottes qui seraient blanchies à la fin de juin, on procède encore différemment. Celles-là sont d'abord mises à l'eau, ensuite retirées lorsqu'elles sont en séve, rangées en cave pendant quelque temps, puis remises à l'eau une seconde fois.

Dès que les boutons de l'osier mis à l'eau commencent à s'ouvrir, on procède au blanchiment, travail que des enfants et des femmes exécutent très-bien. Ordinairement, chaque personne est assise, ayant un pied sur un socle de bois dans lequel est plantée une pince en bois garnie de fer sur une certaine longueur. L'ouvrière engage d'abord dans la pince le gros bout de l'osier, et elle le tire vivement à elle, ce qui détache l'écorce sur ce point-là ; alors elle retourne le brin et le replace dans la pince, le gros bout de son côté et la cime en dehors, puis elle le tire à elle jusqu'à ce que le brin tout entier ait traversé la pince ; alors l'écorce se trouve enlevée.

On se sert dans quelques lieux, pour le pelage des osiers, d'une pince en fer à ressort, vissée verticalement dans un piquet qui s'élève à 50 centimètres au-dessus du sol (fig. 17). L'ouvrière engage le brin d'osier des deux mains entre les bras de la pince et le tire très-vivement. On doit craindre avec cet instrument, plus qu'avec le précédent, de froisser les osiers, surtout lorsqu'on opère sur des brins fins et délicats. Aussi la pince à ressort, aimée des uns, est-elle rejetée des autres.

Si quelque parcelle d'écorce reste encore attachée au brin sorti de la pince, l'ouvrière l'enlève à la main, car l'osier blanchi doit être en-

Page 64.

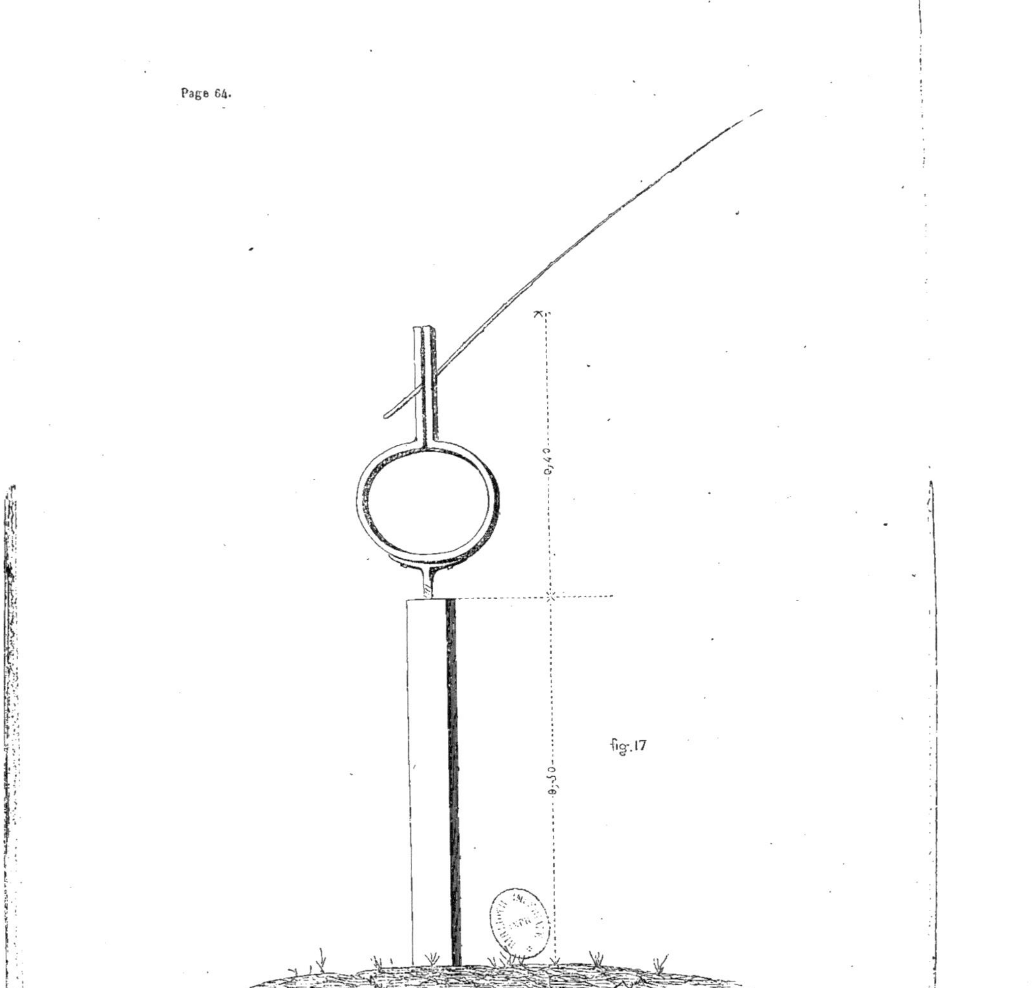

fig. 17

tièrement net; puis, elle dépose le brin près d'elle, en formant deux ou trois catégories de longueurs diverses.

A mesure que l'opération s'effectue, on dresse les brins au soleil, le long des murs ou contre des perches, afin d'obtenir une dessiccation prompte et complète.

Ce travail se paye, dans les Ardennes, 60 à 75 centimes par botte d'osier blanchi, de 1^{m},17 de tour. Plus l'osier est fin', plus le prix s'élève, attendu que chaque botte renferme plus de brins. Une ouvrière active blanchit par jour une botte et demie d'osier moyen.

On procède à la mise en bottes dès que l'os est parfaitement sec. Chaque botte est serréc par deux harts, dont l'une se trouve aux deux tiers de la hauteur de la botte, et l'autre à 5 centimètres seulement de la base.

On procède au bottelage de la manière suivante :

L'ouvrier, après avoir marqué sur sa hart tordue la longueur qui doit déterminer le diamètre de sa botte, la couche à terre et place dessus de l'osier exactement comme s'il s'agissait de façonner une gerbe de blé, puis il lie comme un fagot en tordant la hart juste au point marqué. Ensuite, plaçant la botte entre ses jambes, il frappe avec un maillet les brins d'osier qui remontent dans la hart, et cela jusqu'à ce qu'en dessous de cette hart il ne reste qu'une longueur de quelques centimètres.

La botte ainsi traitée se resserre extrêmement. L'ouvrier la complète en introduisant de nouveaux brins, autant que faire se peut, tout à l'entour. Il rend quelques coups de maillet pour polir et égaliser le bas de sa botte, puis il ajoute une seconde hart vers le milieu de sa longueur.

En certains lieux, on serre mécaniquement la botte sur un chevalet. Quelque procédé qu'on adopte, ce travail ne peut être fait avec trop de soin. Il se paye, dans les Ardennes, 15 francs par 100 bottes.

Si l'on dispose de hangars ou de greniers suffisants, on y entasse jusqu'au moment de la vente les bottes d'osier pelé, le lit inférieur étant supporté au-dessus du sol par des perches que soutiennent elles-mêmes quelques morceaux de bois. Si l'on manque de place, on peut, sans le secours d'aucun abri, faire sur des pièces de bois, à quelques centimètres au-dessus de terre, des tas de bottes couchées, comme sont, dans beaucoup de pays, en temps de moisson, les dizaines de gerbes. La pluie glisse à la surface des bottes sans les pénétrer.

Jamais de paille ni de litière sur l'osier blanchi ; ces matières entretiendraient une humidité qui ne tarderait pas à l'altérer.

L'osier pelé se vend 2 à 6 francs la botte de $1^m,17$ de tour; le plus fin est généralement le plus cher.

Les écorces d'osier qu'on laisse souvent perdre, sont excellentes à donner par petites rations à toute espèce de bétail; les vaches qui en mangent procurent un beurre très-jaune et de qualité supérieure. La salicine, principe amer de ces écorces, prévient la cachexie des moutons; on prétend même qu'elle la guérit.

L'*Osier rouge* et l'*Osier jaune* destinés à être fendus sont coupés en novembre, décembre et janvier, mis à la cave ou dans un cellier, et fendus en hiver avant qu'ils ne soient secs. Ou bien, on les fait sécher et on les vend secs pour être fendus ultérieurement.

Le commerce exige une longueur au-dessous de laquelle il n'achète pas pour fendre, soit 1 mètre, soit $1^{m},20$, soit $1^{m},30$, suivant l'abondance ou la rareté de la demande. En somme, la qualité des osiers de fente résulte de la plus grande taille possible jointe à la finesse des brins.

Afin de trier rapidement les brins de dimension suffisante, on place verticalement dans un cuvier l'osier parmi lequel doit être démêlé l'osier à fendre. On tire alors du milieu des autres tous les brins qui ont la longueur voulue ; puis, on les réunit et on les vend par bottes de mille.

Si on les fend soi-même, après avoir, par la serpette, divisé en trois le pied de chaque brin, on prolonge ces fissures jusqu'à la cime à l'aide d'un coin de buis (fig. 18), présentant trois

fig.18

sillons creux. Les lanières sont réunies ensuite par paquets de 100, et chaque paquet en contient de diverses longueurs.

La botte de mille brins destinés à être fendus se vend de 1 fr. 25 à 3 fr. 50.

Les brins de longueur moindre sont ou mis à l'eau pour être pelés comme les osiers verts, ou vendus en bottes sans être préalablement séchés au prix de 50 à 75 cent. la botte.

Ainsi qu'il résulte des chiffres posés précédemment, le prix des osiers varie beaucoup. Plus le commerce général est actif, plus il faut de matière à emballage, et dès lors plus les osiers sont chers. Au contraire, toute crise commerciale arrête la vente et fait baisser les prix. Ainsi, la guerre d'Amérique avait, depuis quelques années, ralenti la production française, qui reprend maintenant un nouvel essor.

Voici, à titre d'exemple, un compte de culture d'*Osier vert* tiré du département des Ardennes. Il ne présente rien d'exceptionnel, et les résultats indiqués peuvent être facilement atteints, souvent même dépassés. S'il s'agissait d'osier rouge ils seraient au moins doublés.

PREMIÈRE ANNÉE :

Défoncement d'un hectare et frais de plantation	300 f
133,200 plants à 1 fr. 50 le 1000.............	200
Binage et entretien, la première année.......	75
Location du sol et contributions............	80
Intérêt des sommes ci-dessus................	32
Total..........................	687
Produit de la première année, 100 bottes à 0f,75 l'une, frais de récolte payés...............	75
Reste comme avances non couvertes..	612

DEUXIÈME ANNÉE :

Avances non couvertes de l'année précédente..	612 f
Frais de sarclage...........................	75
Location....................................	80
Intérêt des sommes avancées................	38
Total..........................	805
Produit 300 bottes, frais de récolte payés à 1f25.	375
Reste comme avances non couvertes..	430

TROISIÈME ANNÉE :

Avances non couvertes des années précédentes.	430 f
Sarclage moins difficile que les première et seconde années..........................	40

Location..	80f
Intérêt des avances non couvertes............	27
Total..	577
Produit 400 bottes à 1f 25..................	500
Reste comme avances non couvertes..	77

QUATRIÈME ANNÉE :

Avances non couvertes des années précédentes.	77
Sarclage..	40
Location..	80
Intérêt des avances non couvertes.	9
Total..	206
Produit complet : 500 bottes à 1f,25..........	625
Bénéfice net sur les quatre années...........	419

Si l'oseraie est en bonne condition et bien entretenue, le produit de 500 bottes peut se soutenir pendant longtemps.

Les frais étant pour chaque année :

Sarclage..	40f
Location	80
Total..	120

Il se trouve un produit net annuel de plus de 500 francs; peu de cultures sont aussi lucratives.

Le lecteur remarquera, toutefois, qu'il n'est rien porté pour les frais de chargement et de transport. Il devra donc en tenir compte, car les osiers sont généralement rendus aux frais du producteur dans les magasins de villes importantes.

Les osiers présentent encore, comme il a été dit dans l'*Introduction*, l'immense avantage d'exiger leur plus grande part de travail en hiver et au premier printemps; époque de l'année où les populations agricoles manquent souvent d'ouvrage. Il peut donc y avoir d'excellentes combinaisons à établir entre cette spéculation et les autres opérations d'une ferme.

En cas d'avilissement excessif des prix, les osiers possèdent en outre le mérite de se garder très-longtemps sans détérioration, à la condition d'être amoncelés bien secs sous un bon toit. Si les rongeurs s'y établissent parfois, ce n'est que pour y trouver des retraites et non pour se nourrir. Quelques dérangements de loin en loin suffisent à les chasser.

V

OSERAIES EN SITUATIONS EXCEPTIONNELLES

Pour prévenir les dégradations causées trop souvent par les eaux, il convient de planter de l'osier au bord des rivières, sur les grèves, au fond du lit des torrents. Moyennant quelques soins et un bon choix d'espèces, on peut, indépendamment de la défense du sol, se procurer de cette manière un produit notable. Ainsi que nous l'avons dit, le *Saule à une étamine* (Salix monandra) est un des meilleurs pour cet usage particulier.

Les lieux souvent submergés et dont, pour ce motif, la culture est impossible, peuvent encore être utilisés par les osiers. D'après certains essais qui ont parfaitement réussi dans le département de l'Aisne, près du canal de jonction, voici comment on doit aménager ce genre de plantation :

Les plançons, que l'on prend sur du bois de deux à trois ans, sont d'une longueur de 1 mètre au moins ; on les enfonce dans le sol à 30 centimètres de profondeur, et on les espace entre eux de 30 à 40 centimètres. Ces boutures, comme tout plançon de saule, poussent avec vigueur par le sommet; il se forme ainsi de petits têtards, que l'on rase, chaque année, en ayant soin de ne pas les ébranler.

Sans produire autant que les oseraies dont le

sol est cultivé, celles-ci donnent à peu de frais des bénéfices d'autant moins à dédaigner qu'on les obtient sur des terrains sans valeur.

Joignant l'agréable à l'utile, il convient d'introduire, par petits massifs, la culture des osiers jaunes et rouges dans les jardins paysagers. En été leur feuillage fait bon effet ; mais c'est surtout en hiver qu'ils réjouissent l'œil par la couleur chaude et variée de leurs écorces.

VI

ACCIDENTS, INSECTES, MALADIES

Les oseraies sont exposées à plusieurs accidents, savoir :

— Destruction des jeunes pousses par les gelées du mois de mai. Lorsque le mal a eu lieu, il faut que de nouveaux bourgeons sortent de la souche, ce qui détermine un grand retard végétatif et, par suite, une diminution sensible de produit. Impossible de prévenir ce dégât.

— Attaque des bourgeons par les grosses limaces rouges, qui en sont très-friandes. Ces mollusques sont particulièrement dangereux pour les plantations de l'année même. Une bouture qui à chaque instant se trouve rongée, pourrait-elle prendre quelque vigueur ?

Pour combattre ces ennemis, on répand deux fois, à une demi-heure d'intervalle, de la poussière de chaux vive sur l'oseraie, en choisissant un temps de brouillard ou l'instant qui succède à une pluie douce ; car c'est alors que les limaces sortent toutes de leurs repaires et se mettent à paître. Bientôt après le semis de chaux, brûlées par la poudre alcaline, on les voit écumer, se tordre et mourir.

— Racines rongées par certains insectes et surtout par les larves du hanneton ou ver blanc. Ces vers font parfois périr quantité de pieds dès la première année ; accident qui d'ailleurs est rarement à craindre, lorsque avant la plantation le terrain a été bêché très-profondément.

— Dégâts de certaines larves qui attaquent par

le haut les brins d'osier. A la suite de cette piqûre, les feuilles du sommet se développent en formant une sorte de rose. Puis, au lieu de filer droit, les jets se ramifient en perdant beaucoup de leur valeur. Nous avons vu des oseraies de *Saule à trois étamines* (*Osier brun* des Ardennes) frappées de ce mal, sans qu'un seul pied fût exempt. Dans les Ardennes, la piqûre du haut est très-commune sur le *Saule viminal*. Jusqu'ici, on ne connaît aucun moyen de l'empêcher.

— Feuillage mangé en été par plusieurs insectes *coléoptères*, dont le plus dangereux est bleu d'acier. Sa larve, qui est noire, dévore avec avidité les jeunes feuilles.

Contre cet ennemi qui détruit quelquefois des récoltes entières, on a essayé avec demi-succès un semis de cendres pyriteuses finement pulvérisées. Sans avoir eu occasion d'y recourir personnellement, nous conseillons aussi la poussière de chaux si funeste au limaces. Ces substances, cendres et chaux, stimulent d'ailleurs utilement la végétation de l'osier.

— Excroissances rondes et ovales, de la grosseur d'un petit haricot, que détermine sur les feuilles de certaines espèces, particulièrement sur celle du *Saule laurier*, la piqûre d'insectes imperceptibles. Lorsque de telles gales sont nombreuses, elles chargent par le haut les brins d'osier, au point que ceux-ci tombent et cessent de filer droit ; nous ne connaissons aucun moyen préservateur contre ce dégât, qui quelquefois est très-prononcé.

— Pâturage et piétinement des animaux. A part le cas exceptionnel précédemment indiqué, du pâturage printanier par les moutons avant la pousse des bourgeons, rien n'est plus funeste aux oseraies que le pied et la dent des animaux. Il importe donc que les oseraies soient toujours bien gardées et que l'on évite d'en établir sur des points trop exposés. Ainsi que nous l'avons dit, l'exploitation doit avoir lieu sans que le sol ne soit détérioré par les voitures. Si les oseraies sont très-étendues, on ménage çà et là des passages qu'on ne plante pas.

— Envahissement des mauvaises herbes, particulièrement du grand liseron. Ainsi que nous l'avons fait observer, rien n'est plus funeste. Une oseraie qu'on a laissé envahir par cette plante redoutable, doit promptement être défrichée.

— Grêle qui blesse les brins et les rend cassants à l'endroit même de la contusion. Une oseraie fortement grêlée donne, l'année même de l'accident, des produits sans valeur vénale. On peut y trouver toutefois de bonnes boutures.

— Atteintes de coup de feu. Par le plomb des chasseurs, l'osier est encore blessé d'une façon plus meurtrière que par la grêle. Il importe d'autant plus d'y avoir l'œil que les osiers constituent une des meilleures retraites à gibier. Aucun chasseur ne l'ignore.

— Maladie par suite de laquelle le brin se tache, s'altère et devient cassant sur un ou plusieurs points. Les oseraies sont quelquefois atteintes très-grièvement par ce mal, auquel nous ne connaissons aucun remède.

— Rouille qui tache le feuillage, affaiblit et altère particulièrement la partie supérieure des brins. Ceux-ci ne peuvent plus servir ensuite à rien, si ce n'est aux vanneries d'emballage, et cela en mélange avec d'autres brins.

La rouille est d'autant moins à craindre que les oseraies se trouvent en lieux mieux aérés. Quelquefois, elle se manifeste à la suite de brusques changements de température, et toujours dans les localités les plus exposées aux brouillards.

FIN.

Paris. — Imp. PILLET fils aîné, 5, rue des Grands-Augustins.

www.ingramcontent.com/pod-product-compliance
Ingram Content Group UK Ltd.
Pitfield, Milton Keynes, MK11 3LW, UK
UKHW012050240726
13965UKWH00003B/1183

9 782013 074766